JN437385

개부랄꽃

개부랄꽃

초판 1쇄 인쇄 2009년 12월 6일
초판 1쇄 발행 2009년 12월 11일

지은이 I 최승훈
펴낸이 I 金泰奉
펴낸곳 I 도서출판 띠앗
등 록 I 제4-414호

편 집 I 박창서, 김주영, 김미란, 이혜정
마케팅 I 김영길, 김명준
홍 보 I 장승윤

주 소 I (우143-200) 서울시 광진구 구의동 243-22
전 화 I (02)454-0492
팩 스 I (02)454-0493
이메일 ddiat@ddiat.co.kr
홈페이지 www.ddiat.co.kr

값 6,000원
ISBN 978-89-5854-068-7 (03810)

결혼 10주년 기념

개부랄꽃

최승훈 시집

도서출판 띠앗

시인의 말

짧은 연애 시절로부터 결혼 후 10년을 함께 살아오면서 쓰여진 작품들 가운데 1부는 아내를 위하여, 2부는 올해 초등학교에 입학한 아들을 위하여 시와 동시로 꾸며 보았습니다.

고향에서 멀리 떨어진 동네까지 와서 어쩌다가 재미없고 답답한 남자를 만나 허구한 날 가슴 치며 살아온 내 아내 춘숙에게 심심한 위로와 고맙다는 말을 전합니다. 그리고 늘 사랑한다는 말도 덧붙입니다.

힘들고 어려운 공부 중에 있는 동생 윤경에게도 사랑한다는 말을 전합니다.

끝으로 문학이란 길 위를 한 걸음 한 걸음 내디딜 수 있도록 오랜 세월 한결같은 관심과 사랑으로 지도해 주시고 이끌어 주신 시인 이화은 선생님께 깊은 신뢰와 감사의 마음을 올립니다.

목차

2부 · 동시 채송화 씨앗은

개부랄꽃

어머니는 불알꽃이 피었다며 좋아하시는데
— 무식하게 불알이 뭐노?
어머니와 며칠째 심사가 뒤틀려져 있는 아버지
— 부랄이지 할망구야
괜스레 트집을 잡는다

방귀

아부지,
저녁식사를 하시다 말고
뿡 ~
방귀를 뀌신다

아부지, 드러워유
밭에 뿌린 똥이 드럽더냐? 이눔아
니 애빈 공기 속에 거름을 준 거여, 이눔아

그래도 드럽단 말예유
검은 방귀 뿡뿡 뀌고 다니는
니 차나 고쳐 타고 다녀, 이눔아

개부랄꽃

지난해 가을 산에 갔다가 두 분이서 다정히 캐 안고
오신 개불알이
올여름 붉은 자줏빛 꽃을 사정했다

어머니는 불알꽃이 피었다며 좋아하시는데
— 무식하게 불알이 뭐노?
어머니와 며칠째 심사가 뒤틀려져 있는 아버지
— 부랄이지 할망구야
괜스레 트집을 잡는다

— 할망구?
　불알이면 우짤 건데? 이 노친네야

질세라 맞받아치는 어머니를 향해 눈을 부랄이시며
— 노친네? 너, 부랄 있나?
　없으면 말을 마, 이 할망구야

— 하이고, 고깟 새알 갖고 불알이라고 하는겨?
　남사스럽다, 고마 떼 버려라

— 뭐라꼬 고깟 새알? 좋다
  불알인지 부랄인지 함 따져 보자

— 좋다, 그 잘나신 자존심 어디까지 가나 함 보자
  윤경아 윤경아
어머니가 동생을 불러 세운다
— 국어사전 좀 갖고 온나
  불알인지 부랄인지 내 손으로 직접 까봐야 쓰것다

— 좀 전에 인터넷에서 찾아봤는데
  개불알꽃이 맞던데요

— 하이고, 개뿔도 없는 것들이 이젠 서로 짜고 치는
  구먼. 넌, 빠지고마

— 승훈아 승훈아
다급히 찾으시는 아버지께 나는,
부랄을 흔들며 가야 할지
불알을 쥐고 가야 할지
똥마려운 강아지처럼 무척 난감한 일이었다

회춘

육십 후반을 걸어오신 울 아버지
반년 남짓 헬스클럽 문지방 열심히 넘나드시더니
종아리고 팔뚝이고 만져 보라며
자랑스럽게 내미시는데

“딴딴할 것이 딴딴해야죠.
장딴지만 딴딴하면 뭣합니까”

어머님 입가에 초승달이 뜬다

일 년 열두 달 비가 오나 눈이 오나
비키니 수영복 걸치고 야릇한 시선 던지는
하이트 맥주 달력 속 쭉쭉빵빵 아가씨들보다 더
아름다운 여인이 평생 내 곁에 있기에
아내가 떼어 던져 버린 그 달력을
퇴근길에 들러 어머니 몰래 건네주었다

“아버님, 회춘하옵소서”

밤마다 어머님 입가에 보름달 웃겠다

연탄불을 갈며

맨 아래 하얀 연탄
그 위에 활활 타는 붉은 연탄
내 손에는 새까만 연탄

연탄불을 갈다
가슴이 턱, 막히고
눈물이 납니다
다 타버린 연탄 우리 부모님 같아

자식 놈 위해 활활 생을 태우고
하얗게 머리가 세신,
현식 민식 준식이
손자 녀석들 태어나며
연탄재로 남으신 부모님

나는 그것도 모르고
달라붙은 연탄
모질게 떼어냈습니다

모정

주말 저녁 모처럼 가족이 둘러앉아 저녁밥을 먹는데
그만, 아버지가 재채기를 하셨다
밥상 위로 허옇게 튕겨져 나간 밥 알갱이
어머니는 가만 숟가락을 놓는데
"에이, 더러워"
나도 그만, 한마디 내뱉고 말았는데
할머니는 아버지를 보며 빙긋 웃으시고
아욱국에 밥 한 공기 훌훌 말아 맛나게 드신다

텔레비전 속에서는 괭이갈매기가
새끼들에게 연실 먹이를 토해 올려 먹이고 있었다

현식이

돌이 막 지난 그 아이
돌아서는 발걸음에 추를 매단다

집배원 아저씨 왔다가도
우는 녀석

도둑놈 들어와
집 안 거덜 내도
가지 말라고 울어댈
내 조카 현식이

현식이 마음은
봄 햇살보다 더 따스한
하늘나라다

작은아버지

달 기울 듯 허구한 날 잔 기울이시며 안주 삼아, 인생은 굵고 짧게 사는 것이라고 말씀하시더니 울 안에 갇힌 독수리 한 마리 달랑 그림 몇 점 남기고 울 작은아버지 남은 반병 생(生) 하늘에 쏟아 부으셨죠. '크, 달다. 달어' 하시기에 어린 마음에 몰래 훌짝거렸던, 판피린보다 더 독하기만 했던 그 술에서 단맛을 볼 수 있게 되었을 때 어느덧 나도 중년을 향해 내달리고 있었습니다. 인생은 쓸수록 술맛이 달다는 것을 한 아이의 아빠가 되고 나서야 혀끝으로나마 느낄 수 있었습니다

장모님

오랜 장인어른 병수발에
육 남매 키워오시며
성냥갑에 붙은 황같이
거칠어진 얼굴
외손자 품에 안고
살포시 뺨을 부빕니다

생후 두 달 된 내 아들 민식이 입가에
"까르르"
웃음꽃이 불붙었습니다

어릴 적부터 병치레가 많았던 내 아내
막내딸 먼 곳으로 시집보내고
골방 한구석 수북이 쌓아놓은 묵은 신문같이
마음속 깊숙이 차곡차곡 재워놓은 근심들 한순간,
"하하하"
재가 됩니다

감나무

막냇사위 오면 몸보신시켜 주겠다고 장모님은
지난가을 장터에서 오만 원 주고 초복이라 불릴
누런 잡종 강아지 한 마리 사오셨습니다
담장 밑 감나무에 평생 묶여 지내다
지난여름 어디론가 끌려간
말복이 살았던 집에 다시 들어갔습니다
겨울날 잠시 보았던 초복이
이번 식목일날 침 질질 흘리며 징그럽게 커버렸습니다
감나무 그늘 아래 성큼성큼 여름이 자라나고 있었습니다
밤새도록 비는 내리고 창문 밖에선 휘잉휘잉
감나무 울고 있습니다
주인에게 건네받은 굵은 쇠사슬줄
꽉 쥐고 놓지 못해 새겨진 녹슨 문신 자국
풀어주고 싶어도 붙잡고만 있을 수밖에 없는,
그런 마음을 아는지 모르는지 초복이는
감나무 상처에 자신의 몸을 부빕니다
장인어른은 다른 집 나무보다 더 붉고 굵은 감이 달린다고
가을이 오면 늘 자랑스러워 하셨습니다
그것이 감나무의 눈물이었을까요

감자 한 알

차가운 시멘트 바닥
먼지만 뽀얗게 쌓여 있는
보일러실 한쪽 구석
감자 한 알 싹을 틔웠다
뿌리 내릴 곳 없어
제 몸속에 뿌리를 박아
살과 피를 뽑아 올렸다

단칸방 지하 월세
혼자서 세 남매를 키워 낸
어느 여인의 한 덩이 주름살 생이
문틈을 비집고 들어온 봄 햇살에
푸릇푸릇 싹이 튼다

독, 솔라닌이다

비 오는 날

처마 끝에서부터
쾅, 쾅, 쾅
창살이 쳐지고
순식간에 나는 비에 갇힙니다
면회를 기다리듯 마룻바닥에 나앉은 나는
빗물 떨어지는 마당을 바라봅니다
수면 위로 무수히 돌출되었다 함몰하는 빗방울들이
마루 밑, 제 새끼들 품고 누운
누렁이의 젖꼭지같이
대지는 수천 수만의 제 새끼들에게 젖을 물리는데
여기저기 젖꼭지 빨아대는 소리만 요란할 뿐
아무것도 보이지 않습니다
그렇게 소나기 지난 후
어린것들 하나 둘 마루 밑에서 삐죽삐죽 얼굴을 내밀고,
비 갠 수면 위로 첨벙첨벙 햇살이 뛰어나옵니다
아,
대지의 빗장이 열리고
아장아장 기어 나오는 저 여린 풀잎들
통통하게 배가 부릅니다
날 면회 온 이
그는 봄이었나 봅니다

봄비 내리는 날

비가 내린다
내리면서 빗물방울은
아까시나무 꽃잎을 하나씩 따 안고 떨어진다
개미들이 솔솔 빵 부스러기를 물고 가듯
도로가에 아까시나무 꽃잎 분주하게 떠내려간다
하수구 밑구멍 속으로 빗방울들이
꽃잎을 물고 들어간다
땅 밑 저 어두운 곳에도 봄소식 전해 주고 싶어
빗물은 부지런히 꽃잎을 물어다가
하수구 목구멍 속으로 울컥울컥 넣어 주고 있다

봄날 소묘

햇살 가득한 늦은 봄날 오후였는데요
불량한 바람이
갓 입학한 여고생 치마 들치듯 한순간
땅에 끌린 꽃잎들 하늘 위로 훅, 날리는데요
보고 말았지 뭡니까
눈부신 오월의 여린 속살을
중년이 다 되어서 한 가정의 아버지로 어찌,
종달새처럼 종알종알거릴 수 있겠습니까만
벚나무 밑에 쪼그려 앉아있던 영산홍이
나보다도 더 자세히 보았을 테니까요
직접 물어보시지요
그러고 보니 부끄러운 듯 발가니 영산홍
수줍게도 피어나네요

파랑(波浪)

심심했던 거야, 저 봄 햇살
자라 새끼처럼 빼꼼 내민 모가지
살짝 간지럼 피운다
저것 봐라 집채만 한 저 덩치
나름대로 참는다 참는다고 하지만
접혔다 펴졌다 하늘 보고 누운 연못의 뱃살 보이지
거봐라 천 년이 가도 꿈적 않을 것 같던 저 바위도
작은 손장난질에 제 몸 흔들 줄 아는데
세상에 목석으로 빚은 남자 어딨어
경주서악리마애석불상*도 꼬리 치는
황조 울음에 저리 웃고 계시는데

---

* 경주서악리마애석불상 ; 통일신라시대. 보물 제62호
경주의 서악(西岳)인 선도산(仙桃山) 정상부의 큰 바위에 7m 나 되는 거구의 본존(本尊)을 조각하고, 협시보살상(脇侍菩薩像)은 다른 돌로 마련한 삼존불(三尊佛)이다.
중앙의 본존불은 손상을 많이 입었는데, 특히 머리는 완전히 없어졌고 얼굴도 눈까지 달아나 버렸다. 그러나 남아 있는 뺨, 턱, 코, 입의 표현은 불(佛)의 자비(慈悲)와 의지를 실감나게 보여 주고 있다.

출산(出山)

산 중턱쯤 오르다 불청객을 만났다
머리채를 쥐고 흔드는 요란한 소리
지은 죄도 없이 한 마리 매미로 나무 등걸에 착 달라붙었는데
무언가 단단히 성난 하늘은 굵은 회초리로 잎사귀를 후려치고
아무런 반항도 없이 나무는 순순히 손바닥을 내밀고 있었다
때리다 지친 하늘
그제야 사방이 조용하다
어디에 숨었다 나왔는지
잠자리며 나비들 철없이
철없이 하늘을 날아오르고
아프다 손바닥 오므릴 줄 모르고 서 있는 나무들
눈가에 눈물방울 흘러내린다
산에 오르고서야 알 것 같다
왜 저리도 칠월의 숲은 짙푸르게 멍들어 가는지
외마디 못 지르고 벙어리로 서 있는지를
어린 자식들 맞고 살지 말라고
깊이 잠든 곤충들 얼어 죽지 말라고
잎이 피었다 지는 줄을 나도

죽비로 맞고 나서야
철든 한 아비로 하산했다

다시 피어나는 꽃

복사꽃이 진다고
봄날이 간다고 사람들,
아쉬워하며 꽃그늘 아래
사진을 박는다

어린아이 하나 쪼그리고 앉아
땅바닥을 가리키며 환하게 웃고 있다

꽃이 핀다고
피어난다고

복숭아나무,
온몸 구석구석
재잘재잘 피어난 꽃잎
똑
똑
따다
제 그림자에
닥지닥지 붙여 넣고 있다

그림자에 새봄이 돋아나고 있었다

여름 풍경(風景)

그림자 길게 풀어헤친 버드나무 그늘 속을
휘휘 저어 가던 잠자리 떼
수면에 돋아난 이파리 그림자마다
작고 동그란 알 하나씩 둘씩 붙이고 있다
그런 줄도 모르고 버드나무는
잠자리들이 빠져 죽을 것만 같아
물속에 꽁지가 닿을 때마다 톡톡
잔잔히 몸을 흔들어 물 밖으로 밀쳐내는데
그런 줄도 모르고 잠자리는
저만치 물러섰다
송사리 떼처럼 다시 또 몰려오고

여름 풍경(風磬)

절집 지붕을 얹은 이래 여태껏 부처님
꿍하고 법당문 밖으로 코빼기도 내밀지 않았다는데
큰 스님 작은 스님 동자승 누구에게 물어봐도
다들 모른 척 시치미만 떼고
부처님께 직접 여쭤보니
뭐라시더라
수행한답시고 다들 계곡에 종일 처박혀
잡은 물고기 지네들끼리 살 다 발라먹고
빈껍데기만 딸랑 추녀 끝에 매달아 놓았다나
에이, 모르시는 말씀
껍질이 얼마나 맛있는데
입맛이 무척 까다로운 경상도 평해의 한 부자가 유독
이면수 껍질에 밥을 싸서 먹었다는 이야기도
못 들어보셨나 보지
부처님, 저랑 고도리 한 번 쳐 보실라우
껍데기가 얼마나 중요한지 알게 될 걸요
피박 쓰지 마시고 마지못해 드시는 척하세요

그제야 부처님 입가에 초승달 희미하게 떠오릅니다

장마

사흘 밤낮 내리치는 장대에 혼절해 버린 마을 앞개울
좀체 붓기는 가라앉지 않고
물속에 잠긴 징검다리 위로 물고기 무리 지어 건너 다닌다
고물상 박씨 아저씨,
오늘도 방죽에 주저앉아 무심히 물속을 들여다보고 있다

재 너머 학교 다녀오겠다고 아침 일찍 서둘러 건너간,
보름째 소식 끊긴 딸아이
물이 빠지면 다시 건너올까 우산 받쳐 들고 마중 나와 보았지만
철없는 피라미 떼만 눈 속에 아른거리다 땅바닥 위에 파닥인다

쇠뿔에 받혀도 끄떡없는 다리 새로 놓여졌지만 정작
그 아이는 건너올 생각을 않고
종일 딸아이 찾는 목 쉰 박씨 아저씨 가위질 소리만
절그럭 절걱
마을 골목길을 빠져나가고 있다

가을 산

한 잎
두 잎
옷고름 푼다

사
르
르
흘러내리는 저고리

보일 듯
말 듯
달덩이 같은 젖가슴

부끄러워
부끄러워
빨갛게 물들었다

가을 숲

딱따구리 한 마리
속이 텅 빈 참나무 등걸을 쪼고 있다

탁
탁
탁
탁

다라니경을 외우며 바람이 스쳐간다

톡

사리 하나 떨어지는 소리

가을 밤하늘

진솔 하늘에 수놓은 별들은
손끝에 침 묻혀
문풍지에 숭숭 뚫어 놓은 구멍

문지방이 너무 높아
발뒤꿈치만 빠끔히 올려 보다
이불 속
첫날밤의 밀어라도 엿듣고 싶어
가만히 귀 기울이면

신음처럼 새어 나오는
풀벌레 소리

설변(說便)

가을바람이
살랑살랑 나를 꼬드긴다
아득한 첫사랑 여인의 숨결 같은
하이얀 갈대 손을 흔들며
바람 한번 피워보자고
나를 유혹한다
그 손길 마냥 뿌리칠 수 없어
꿈결인 양 갈대숲 속으로
내 몸 맡기려는데
물컹!
온몸에 와 닿는 한 무더기 변(辯)
지나간 옛 추억도 이같이 버릴 줄 알아야 한다고
우공(牛公)이 말씀 한 덩이 놓아두고 가셨다

눈 오는 날

아랫목 이불 속 깊숙이 묻어 놓은
한 공기 하얀 쌀밥 같은 눈이
마당 한가득 꾹꾹 담겨져 내리는 날이면
"많이 먹어라"
한 술 덜어내 내 밥그릇 위에 얹어 주시던
어머님 품속 하늘
동네 아이들의 따스한 웃음소리
눈밭 위로 모락모락 오르는
오늘 같은 날이면
온 종일 굶어도 배고픈지 몰랐습니다

문패

산비알 폐가 한 채
누렇게 색 바랜 런닝구처럼
숭숭 구멍 뚫린 흙돌담
도둑들 걱정 없어 대문이 없다
방문마저 집 나간 빈방에
일찌감치 겨울이 들어박혀 앉아
꼴에 제 집이라고 추녀 끝마다
자신의 이름 석 자 내걸었다

고·드·름

끝내 아버지는 오시지 않았다

이른 새벽부터 내리기 시작한 눈은 좀체 그칠 생각을 하지 않고
토요일 저녁,
어김없이 들리던 사립문 밖 아버지의 헛기침 소리도
동네 어귀 미루나무 가지 위에 눌러앉았는지
앵앵대던 확성기 소리도 눈 속에 파묻힌 지 오래
기다리다 지친 밥상 위 된장국은
다시 풍로 위에 쪼그리고 앉아 속을 끓이고
어머니는 형과 어린 나를 무릎에 앉혀놓고
호랑이 담배 피우던 시절로 데리고 가셨다
심청전, 놀부전 한두 대 피우고 나면 아버지 오실 것도 같은데
장화홍련전, 콩쥐팥쥐, 은혜 갚은 꿩, 해님 달님
연실 뿜어 올리는 담배 연기 속에서 까무룩 잠든 밤
단칸방엔 밤새도록 어머니의 한숨 소리 폭설로 쌓이고
그날 밤 끝내 아버지는 오시지 않았다

빨래집게

버스 창문 밖으로 내민
하이얀 그녀의 손

뒤뜰에 널어놓은 손수건처럼
오늘도 바람에 나부낀다

꽉, 물고
놓지 못하는 그리움

그리움

한번 풀어진 신발 끈
모질게 다잡아 보지만
다시 또 풀어져

한줄기 눈물로 흘러내리는

딱지치기

보고픈 마음
접고
또 접어
그녀의 가슴에
힘껏,
내
리
치
고
싶
다

물잠자리

잡힐 듯이 잡힐 듯이
사뿐히 날아가는 물잠자리처럼
그대는 살포시
내 마음속에 날아와
앉을 듯이 앉을 듯이
날아가 버렸습니다

잡힐 듯이 잡힐 듯이
날아가는 물잠자리처럼
내 마음도
버릴 듯이 버릴 듯이
끝내,
그리움의 끝 가지에 주저앉아

까치집

미루나무 꼭대기에 걸터앉은 폐가 한 채
욕심껏 품을 넓힌 마당에는
잡풀처럼 무성한 참새 발자국
대문 밖에선 여름 내내 매미 울음소리 요란했습니다
지나가던 구름 잠시 행랑채에 머물다 갔을 뿐
까치는 끝내 돌아오지 않았습니다
밤새도록 바람이 내 그리움의 머리채를 쥐고 흔들어도
몇 날 며칠 함박눈 내려 쌓여도
허물어지지 않는 낡고 오래된 집 한 채
내 안에도 있습니다

성장기(成長記)

교실 창문 너머로
땅속에 빨대를 꽂아 놓은 듯
굴뚝 하나 높이 솟아있었다
어쩌다 검은 연기를 토해 올렸는데
병원에서 좀 떨어진 곳에 있어 누군가
죽었다는 것을 직감할 수 있었다 그날도
하늘은 굴뚝에서 검은 연기를 쭉쭉 빨아들이고 있었고
나는 유료급식으로 나오는 흰 우유 중 어쩌다 섞여 있는
초코우유를 운 좋게 받아들고 자리에 앉아
빨대를 꽂아 마시며 뼛가루 같이
지상에 뿌려지는 눈을 하염없이 바라보았다
그날이었을 것이다 어렴풋이
삶이란 결코 초코 우유같이 진하고 달콤하지만은 않다는 것을
차디차게 목구멍 속으로 받아 넘기며
내가 혀끝으로 맛본 최초의 세상 맛이었다

그때가 초등학교 삼학년
내 나이 열 살
생애에 있어 강산이 한 번 바뀌던 해였다

부평초등학교

내 어릴 적 다녔던 시골학교
육 개월 된 내 아들 활짝 핀 고사리 손 같은
작고 도톰한 운동장 품고 서서
가을이 오면 우리를 귀찮게 했던 미루나무
등교하자마자 아이들 이백 장씩 잎을 주워 검사받는다
지폐 세듯 하나하나 세가며 주운 아이들 보나 마나 퇴짜맞고
장난치며 뛰놀다 금세 수북이 안고 오는 아이들 머리를
선생님은 쓰다듬어 주신다
뒷담 쓰레기장 속엔 낙엽이 팔랑팔랑 넘쳐나고 있었다

어른이 되어 다시 찾은 학교
주위 논을 메워 터 넓힌 운동장
내 손바닥 펴 놓은 듯 껑충 커 있었다
가을이 오면 성실과 정직보다 요령과 속임을 가르쳐 주던,
멀고 험한 바른길보다 쉽고 편한 지름길로 가라고
속삭이던 미루나무 흔적도 없이 사라지고
사시사철 푸른 향나무 둘러서서
늘 변함없는 마음으로 묵묵히 너의 길 가라고
어릴 적 젊은 선생님 목소리로 흔들리고 있다

강냉이 튀기는 마을

아침 일찍 멍석을 넓게 깔아 놓고
찰거머리처럼 동네 한 모퉁이에
눌어붙어 앉은 뻥튀기 아저씨
하루 종일 마을의 아이들을 튀겨 낸다

강냉이 낱알같이 잘 여문
올망졸망한 아이들이
옹기종기 모였다 흩어졌다
참새처럼 종알거리고
강냉이 튀기는 구수한 냄새
저녁연기처럼 온 동네에 스며들 때

"아이들 입맛 버리겄구먼"

빨래를 걷는 정식이 어머님
소태처럼 거칠어진 손마디마다
올 한 해 강냉이 농사는 풍년이란다

횟집에서

맛보기로 먼저 나온 토막 난 낙지 발가락
살고자 하는 본능에서였을까
참기름 두른 접시바닥을 헤맨다
송어회 위에 낙지발 한 점 올라앉아
자신의 살인 듯 자벌레처럼 일일이 매만지며 기어
간다
옆자리에 앉은 아가씨에게 귓속말로
회에서 기생충이 나왔다고 놀려 주었다
입맛을 잃었는지 반찬만 주섬주섬 집어 먹다가
젓가락을 놓는다
저녁식사 내내 기생충 같은 놈이라고
속으로 나를 얼마나 씹어댔을까
사과라도 해야겠는데 미안하다는 말이 토막 난
살점처럼 목구멍에 달라붙어 떨어지지 않았다

느티나무 아들

홍천군 동면 노천리
마을 최고 어르신 느티나무
새참 막걸리 몇 잔 얻어 마시고
그분의 품속에 잠시 웅크리고 누웠는데
오월의 햇살에 눈이 부셔 게슴츠레 눈을 떠 보니
어미 소가 갓 태어난 제 새끼 태반을 먹어치우듯
수천 수만의 초록색 혀가 연실 날름날름
내 몸을 감싸고 있던 그늘을 말끔히 핥아먹는다
삼백 년 넘게 나를 품어왔던 저 느티나무
긴 잠에서 깨어난 나는 이만하면 느티나무 새끼다
저 한 그루 어머니처럼
내 발은 땅속 깊이 의지의 뿌리를 내려
어떠한 비바람이 몰아쳐도 쉽게 좌절하지 않으리라
내 이상은 늘 푸르게 우주로 뻗어
꿈을 잃은 사람들의 그늘이 되어 주리라
가을이 오면 외로운 사람들에게
내 잎은 한 장 엽서가 되어 주리라
잠이 덜 깬 듯 주저리 자리를 털고 일어나
비틀 첫 걸음을 내딛는데
움머-

대견한 듯 제 새끼 지켜보던 어미 소의 울음 뒤로
탈탈탈
남 걱정하지 말고 네 앞가림이나 잘하라고
밭 가는 경운기 소리
아내의 잔소리처럼 귀에 못을 박는다

노점상

안나약국 앞
굽은 등으로 팽팽히 시위를 당기신 할머니
출근길에 맞춰 때 절은 보따리
바닥에 풀어 놓으신다
푸른 콩 대여섯 줌 애호박 다섯 덩이
집에서 손수 키운 옥수수며 깻잎 가지
수입 농산물이 판치는 세상에
유효기간이 지난
믿음과 인정이란 상표 붙이고
길가에 나앉으셨다
오전 일을 마치고 다시 둘러보는 거리
뜨거운 여름 햇살에 식은 밥 한 덩이 말아
훌훌 마음에 점 하나 찍고 계신다
무표정이 발걸음 떼기에만 바쁜 사람들
아무도 눈길 한번 주지 않는데
가로등 위 비둘기만
푸드덕 내려앉았다 다시 날아오르며
분주히 할머니 주위를 서성거린다

철마는 달리고 싶다

평일 오후 동네 목욕탕
노인정 어르신네
뜨거운 탕 속에 몸을 담근다

강원도 철원군 월정리 경원선 마지막 역
발정(發情)해 본 지 오래된 녹슨
기차 한 대 매달려 있다

거미

허공에 낚싯대 드리우고
허기진 배를 움켜쥐었습니다
며칠째 그의 밥상 위에는
나뭇잎 한 장 올라와 있지 않습니다
낚싯바늘엔 하루살이 한 놈 물리지 않고
밤새도록 웅크리고 앉아
통통 알 밴 여치의 입질 꿈꾸다
달빛만 건져 올렸습니다
이른 아침 그의 밥상에 올려진 것은
송골송골 햇살에 꿰어 있는 이슬 한 꾸러미

저러다 산 입에 거미줄 치게 생겼습니다

매미

갑작스런 인기척에 푸드덕 날아오르다
오솔길 옆 여린 잣나무 가지 사이 그만,
거미줄에 포박당합니다
자식 두서넛 거느린 엄마 거미
멀찌감치 가만히 몸을 낮추고
며칠씩 굶은 어린 새끼들
배고프다고 칭얼거리는데
참매미 파르르 몸부림칩니다
풀어 줄까 말까 한참을 망설이다
못 본 척 그냥 지나갑니다
아내 곁에 누워 있어도 생각은
여린 잣나무 주위를 맴맴 맴돌다 덜컥,
내 마음도 감겼습니다
밤새도록 몸을 뒤척이다
날이 밝아서야
엉겨 붙은 갈등의 거미줄에서
겨우 빠져나왔습니다

부활절 계란

교회 문을 나서는데 빨간 셀로판지에 곱게 싸인
계란을 건네 줍니다
집에 돌아와 텔레비전을 보며 십자가 문신을 한
계란껍데기를 벗겼습니다
언제 누구로부터 시작된 전통인지 모르겠지만
휴일 오후 출출한 뱃속을 달래기에는 안성맞춤이었
습니다
그냥 먹기에는 목이 멥니다
소금을 찍어 먹으며 나는 깨달았습니다
왜 이맘때만 되면 부활을 꿈꾸지 않는 계란을 주는
것인지
너희는 세상의 소금이라고 말씀하신 예수님
그 말씀 잊지 말고 기억하라고
너도 삶은 계란 같은 세상의 소금이 되어 달라고
목사님은 부활절 계란을 내 손에 꼭 쥐여 주십니다

십자가

일백산 꼭대기에서 보았다

하나님 엉덩이에 똥침 놓는 저, 무수한 손가락을

누구를 위하여 종은 울리나

5층 베란다 창문 밖으로 구릿빛 거대한 종탑 불알이 매달려 있다
이사 오고 나서 몇 해가 지난 지금껏 저 불알 흔들어대는 꼴을 못 봤다
덩치만 컸지 사내구실 못하는 싱거운 놈!

어릴 적 산골 우리 동네에도 자그마한 불알을 달고 서 있던 예배당 종탑이 있었다
단칸방에서 우리 형제 몰래 막내를 잉태한 부모님같이 동네 아이들이 깊이 잠든 이른 새벽녘에 하나님과 거사 치르는 소리 매서운 새벽 칼바람을 갈랐다
끊어질 듯 애절하게 이어지는 소리를 일 년에 한 차례 나도 엿듣는 날이 있다

성탄절 새벽 종소리 울리기도 전에 먼저 내 눈은 떠져 머리맡을 더듬으면 손에 쥐어지는 선물 한 꾸러미 산타할아버지는 어떻게 내 맘을 잘 아시는지 그해 그날도 어김없이 부모님 말씀 잘 듣고 착하고 씩씩하게 자라라는 편지와 함께 도심지에 나가야 구할 수 있는 텔레비전 속 로봇트 장난감을 실망시키지 않고 내 머리맡에 놓고 가셨다

다음 해 여름 나는 부모님 따라 도심지로 이사를 하였고 언제부터인가 아빠 글씨체와 똑같은 산타할아버지의 정체에 대한 의구심이 생겨났다

그날로부터 훌쩍 커버린 지금까지 수많던 예배당 종탑은 거세를 당했거나 더 이상 불알을 흔들어대지 않았다

어쩜 종탑은 매일 새벽마다 성탄절에 줄 착한 아이들의 머릿수를 뎅뎅뎅 불알을 흔들어가며 세고 있었는지도 모르는 일이었다

성탄절이 아니더라도 부모님께 원하는 선물 아무 때나 받으며 사는 요즘 아이들에게 더 이상 좋은 선물을 해줄 수 없는 산타할아버지는 어릴 적 그날 마지막 새벽 종소리와 함께 영원히 떠나간 줄만 알았는데 나도 아빠가 되고 나서부터 다시 성탄절 새벽이 밝아오면 어김없이 다시 나타나 새해에도 몸 건강하고 엄마 아빠 말씀 잘 들으라는 부모님 적 레퍼토리로 손수 쓴 아내의 편지와 함께 어린 내 아들 머리맡에 선물을 놓고 가는 것이었다

돌

홍천강에는 돌도 참 많다

모난 돌 둥근 돌 넓적한 돌 길쭉한 돌
하얀 돌 검은 돌 구멍 난 돌 금 간 돌
크고 작은 돌들이 어우러져 강을 이루었다

우리 교회도 그렇다

말, 말도 안돼

비행기가 어떻게 말을 해?
(만화이니까)

어떻게 소나무가 뛰어다녀?
(동화이니까)

늙은 아버지를 아들이 어떻게 내다 버릴 수 있어?
(사람이니까)

신입사원 K군에게

봄이 오면 머리부터 내밀고 보는
새싹같이
너는 그리하지 말라

대가리 무턱대고 들이밀다가
온몸 까맣게 타버린 성냥개비를
가스라이터 세대는 모른다

사라져 가는 것들에 대하여

부모님 사시는 춘천 현대아파트 입구 단풍나무 옆 가로등 아래
10년 넘게 터 잡은 공중전화박스
연애 시절 호출을 받고 사랑을 고해성사 하기 위해 은밀히 찾아갔던 곳
늦은 밤 젊은 친구들의 비밀이 줄 서서 기다려야 했던 전화기
핸드폰에 마을 사람들을 빼앗긴 공중전화기는 외롭다
가을이면 더욱 처량하다
공중전화 박스 안에는 귀지처럼 쌓인 낙엽
가로등불 아래 밤새 쭈그리고 앉아
동구 밖에 나와 멀리 시집간 딸 기다리는 시골집 장모님 같다
장모님!
지금쯤 뭘 하고 계실까
부쩍 여위어 가시는 장모님 생각에 잠시 발걸음을 멈춘다
핸드폰을 꺼내 저장해 둔 충남 서천 처가 번호를 꾹 누른다
공중전화기가 말문이 막힌 듯 나를 바라만 보고 있다

언제부터인가 빨간 우체통이 보이질 않았다

감나무집 할매

간밤에 집을 나갔다
젊은 시절 남편을 잃고 혈혈단신 남의 밭 일구며
질경이 삶을 살아가던 할매의 뿌리
흔적 없이 뽑혀 나갔다
마을 사람들은
젊은 신랑 찾아 멀리 떠났다 하고
차에 치여 어딘가에 암매장당했을 거라는
불길한 예언을 쏟아내었지만 정작
할매의 마지막 뒷모습을 멀리까지 지켜봤을 돌담 밑
감나무는
열일곱 새색시 가슴만 한 단감을 부끄러운 듯 매달고
빈집을 신방처럼 지키고 있었다

아이들은 무르익은 감에 곁눈질조차 주지 않았다
감나무 속에 할매의 혼이 들어 있어
저 감을 따 먹으면 할매가 나타나 멀리 데리고 간다
고 했다
그래서일까 눈먼 까치조차 나뭇가지에 날아들지 않
았다

달 밝은 밤이면 언제부터인가 할매는
마루에 나 앉아 앞섶 풀어헤치고 실실 웃다 울곤 했다더니

마침내 그 할매 돌아왔다
깊은 저수지 바닥에 누워 고이 잠들어 있었다고 했다
그날 밤
할매가 그러했듯이 감나무
말라비틀어진 젖가슴을 달빛에 훤히 드러내놓고
몇 날 며칠 휭휭 울기 시작했다
사람들은 귀신 붙은 집이라 얼씬도 하지 않았다

이듬해 봄
집이 헐리고 마침내 감나무도 베어져
못다 풀은 생의 그리움
타닥타닥 한자락 연기로 피어올라
허공 속으로 흩어져 사라졌다

앵두나무가 있던 풍경

시장 모퉁이 생선가게에 진열된 도루묵을 볼 때마다 깡마른 몸에 배만 뽈록 퉁겨져 나온 우리 동네 강씨 아저씨를 닮았다는 생각이 들곤 하였다 강씨 아저씨 뒤뜰엔 앵두나무 한 그루 심겨져 있었는데 봄이 오면 가녀린 가지마다 투둑투둑 살 오른 앵두가 다닥다닥 들어차 있었다 어쩌면 저 나무의 전생이 도루묵이 아니었는지, 바다로 되돌아가고 싶어 파도를 타고 싶어 뻘밭의 깊은 울음소리를 듣고 싶어 밤마다 힘껏 내달리다 빨갛게 빨갛게 열매가 달아올랐을 것이다 그러니까 밤낚시 하러 떠난 강씨 아저씨 바위에서 헛발디뎌 검푸른 동해 바닷물 속으로 빨려 들어가기 이전까지만 해도 해마다 알이 꽉 들어찬 도루묵 허리 휘어지도록 많은 열매를 품고 서 있던 저, 앵두나무 새봄이 돌아와도 더 이상 열매를 맺지 않았다 집이 헐리고 제 몸도 뿌리째 뽑혀 불길 속에서 타닥타닥 타들어가던 선홍빛 앵두나무를 바라보다 나는 문득, 만삭의 강씨 아저씨가 한 그루 앵두나무이었을지도 모른다는 생각을 나름대로 해보는 것이었다

내게 이런 여자가 있었다

내가 좋아했던 여자들이 하나 둘 떠나가도 결코
그들은 내게 눈물이나 아픔의 고통을 주지 않았거든
그런데 이런 여자는 처음이었어
내게 자존심 상한 아픔을 주고 떠난 거야
펑펑 울며 골 싸매고 주말 내내 누워 있어 보긴 처음이었어
직장만 없었다면 아마 일주일은 더 누워 있었을 거야
눈물 콧물 섞어가며 그것도 부모님 앞에서 말이지
형은 쌩쑈를 한다며 못난 놈 취급하고 그렇게 한참을 울다 보니
머리는 빠개지고 눈두덩은 퉁퉁 부어오르고
나 자신을 돌아보니 낯 깎이고 억울하고
도저히 가만히 있을 수만은 없어 복수하기로 마음먹었지
하나님께 기도했어
원수를 사랑하라고 하셨지만, 이번만은 눈감고 있어 달라고
몇 날 며칠 벼른 예리한 칼 한 자루 가슴에 품고
몇 달 후 그녀를 불러내 멋지게 복수했지

— 우리 결혼하자

나는 그녀에게 날마다 복수하며 살아가고 있지
집안 청소는 물론 빨래해 주고 밥해 주고 설거지에
행복하게 복수하며 살아가고 있지
이것도 부족해 그녀의 뱃속에 내 아이까지 심어 놓았으니

아들에게

태어난 지 20일 된 우리 아가
주는 대로 쭉쭉 잘도 받아먹는다 그러다
바람 빠지는 공처럼 일그러지는 얼굴
끙끙대는 폼이 용변 보는 일이 쉽지만은 않은가 보다

민식아, 세상은 이런 것이란다
주는 것 받아먹기는 쉬운 일이지만
다시 내어 놓기는 무척 힘이 드는 법이지
받기보다는 베푸는 마음을
채우기보다는 퍼주는 사랑을
품에 안고 젖을 물린 엄마에게 배우려무나

육아교육 일지

— 모순의 개념에 대해 가르치다

"니네 아빤 할 줄 아는 것이 없어요
기저귀를 갈아줄 줄 아나
목욕을 제대로 시켜 주나
아기 옷도 못 입혀요"

내 아들 앞에서 아빠를 흉봅니다

"애 교육 잘 시킨다
자식 앞에서 아빠 흉이나 보고
뭘 보고 배우겠느냐? 이 바보야"

내 아내 숙이 머리를 한 대 쥐어박았습니다
생후 삼 개월 된 민식이 어이가 없는 듯
보름달 같은 눈으로 멀뚱멀뚱 나를 쳐다봅니다

목욕을 시키며 오늘은 모순의 개념에 대해 가르쳐
주었습니다

아름다운 전쟁

주먹밖에 내밀 줄 모르는
세 살 배기 아들 녀석 때문에
나는,
가위밖에 내밀 줄 모르고
그런 나 때문에
아내는
보자기밖에 내밀 줄 모르고
그런 엄마 땜에
어린 민식이는 손가락 마디 하나 펴지 않는다

가위 바위 보
평생 가도 끝나지 않을

총싸움

아들과 목욕을 하는데
불쑥 장난감 총을 빵빵 들이댄다
요 녀석 봐라
아빠의 장총 맛 좀 봐라
가랑이를 벌리고
다다다다다 다다
마구 엉덩이를 흔들어 대는데
화력이 옛날만 못하다
그런데, 세 살 된 우리 민식이
알고는 있는 걸까
내가 쏜 총알에 맞고
자신이 태어났다는 것을

"장난치지 말고 어여 안 닦고 나올래?"

평온한 주말 오후
집 안을 뒤흔드는 아내의
포성 소리

어머니의 박음질

이십만 원에 손톱 달만 한 에누리 없는 네 살짜리 브랜드 옷
겁 없이 덜컥 사들고 오다 미안했던지
이천 원 깎아 만삼천 원 바지 하나 달랑 날 입힌다
바닥을 쓸고 다니는 장날표 바지
어린 아들 한 벌 옷감은 됨직 싶은 여분을 아내는
대충 접고 지내다 세탁소에 맡기라 한다
토라진 마음 질질 끌고 들어온 나에게 어머니는
그게 뭐냐며 혀를 차시고 나는
요즘 젊은이들의 유행패션이라고 아내를 감싸주지만
어머니는 못내 못마땅한 표정이시다
어릴 적, 훌쩍이는 콧물 쓱! 닦아 내주시던 그 손으로
손수 한 땀 한 땀 꼼꼼히
서운한 내 마음 박음질해 주시는 어머니
바느질 서툰 내 아내도 언젠가는
울 어머니보다도 더 멋진 솜씨로 축 처진
남편의 기분 말끔히 접어 줄 날 있겠지

아내 걱정

나만 보면 꼴 베기 싫다는 민식 엄마
우리 집에는 외양간도 소 한 마리 없는데
눈만 마주쳐도 꼴 베기 싫다더니만
휴일 아침 어린 아들 등에 업고
꼴 베러 나가셨나
아들도 풀 향기도 안 돌아오네

나는 빈방에 묶여
하루 종일 한숨만 되새김질하다
엄마 잃은 송아지처럼
움머, 우움머

황태와 꿀 사과와 토요일 오후

황태(黃太)

한겨울철에 명태를 일교차가 큰 덕장에 걸어 차가운 바람을 맞으며 얼고 녹기를 스무 번 이상 반복해서 말린 북어. 빛이 누렇고 살이 연하고 부드러우며 쫄깃한 육질과 깊은 맛이 있다

꿀사과

속에 투명한 것이 뭉쳐 있는 사과를 일컫는다. 아침, 저녁으로 일교차가 큰 지역적인 기온 특성에서 많이 발생하는 현상으로 밀입 또는 밀증상으로 불려져 달고 맛있는 사과 조건의 하나로 꼽히고 있다

토요일 오후 모처럼 목욕탕에 가다

열탕에 푹 불렸다가 냉탕으로 쑥 찜질방에 넣었다가 다시 냉탕 속으로 반복하길 한 시간 여 숙성시킨 꿀 박힌 쫄깃한 육질. 저녁 먹고 아내는 아들과 안방에서 나는 아들 방에서 홀로 황태처럼 입 쩍 벌리고 침 질질 흘려가며 모처럼 늦잠 자다

보물섬을 찾아서

어릴 적 외가 천장엔 쥐가 물어다 놓은 누렇게 바랜 오래된 지도 한 장 걸려 있었다 할머니 옆에 누워 한참이나 올려다보다 잠들곤 하였는데 그날 밤 꿈에 나는 보물섬을 찾아 떠나는 선장이 되어 있었다 그 항해는 계속됐고 어쩌면 어릴 적 꿈꾸었던 보물섬은 단지 상상 속에 그려진 지도일지도 모른다는 생각이 들기 시작했을 때 내 나이 훌쩍 서른을 넘기고 있었다

달라진 것이 있다면 한 여인이 인생의 긴 항해를 동반하고 있다는 것뿐

우리 집 천장에도 밤새 몰래 쥐들이 지도를 물어다 놓진 않았지만 내 마음 한편 깊숙이 숨겨 놓은 어릴 적 지도를 조심스레 펼쳐 보며 매일 돛을 달았다 하루가 다르게 삶의 파고(波高)는 험하게 높아만 갔고 그 어디에도 보물은 묻혀 있지 않았다 직장에서 돌아오자마자 쓰러져 누운 침대조차 적막한 무인도로 느껴지기 시작했을 때 문득 내 손에 가만 잡히는 고사리 손 순간, 나는 아들 녀석을 꼭 껴안아주었다 아내와 함께 찾은 보물! 그건, 다름 아닌 민식이었다 어젯밤엔 사라진 줄만 알았던 그 쥐가 또다시 보물섬 한

장 살금 아들의 담요에 물어다 놓고 갔다 이젠 둘이 아닌 셋이서 힘차게 닻을 올린다

미지의 또 다른 보물섬을 찾아서 자, 다시 출항이다

선물

텔레비전 속 부유층 연인처럼
올 크리스마스엔 나도
저 같은 예쁜 반지 끼고 싶다며
두 달 전부터 예약해 두는 아내
담배도 안 피우고 술도 안 하고
계집질도 못하는데
나의 지갑 속은 늘 가난하다
성탄 전야
가난한 자가 복이 있다고 예수님은 말씀하시지만
그래도 오늘, 지금 이 시간만큼은 불행하다
이래저래 사는 것이 똑같다면 드라마 속
바람둥이 남자 주인공같이 사는 것도 괜찮겠지만
내겐 잃어버려서는 안 될 소중한 보물
내 아내와
바라보기만 해도 행복한 귀한 선물
우리 아들이 있기에
탈선하지 않고 오늘도
소망의 레일 위를 힘차게 달려나간다

2부 · 동시

채송화 씨앗은

노란 웃음
분홍 이야기
하얀 얼굴들
알록달록 피어나는 채송화 꽃잎

채송화 씨앗은

채송화 씨주머니는
가을 운동회날
장대 위에 높이 매달아 놓은 바구니
아이들이 던지는 모래주머니에
조금씩
조금씩
벙그는 씨앗
따스한 봄 햇살에 바구니가 터지면
노란 웃음
분홍 이야기
하얀 얼굴들
알록달록 피어나는 채송화 꽃잎

고, 벌 한 마리가

윙,
어디서 날아온 것일까
머리 꼭대기에 올라앉은
조그만 한 마리
벌

고것이
온몸을 떨게 한다

벌 벌 벌 벌

벌들의 신발

벌들은 모두가 맨발이다
꽃들이 신발을 꼭꼭 감추어 두었기 때문이다
꽃밭을 분주히 헤매고 다니던 아기 벌 한 마리
마침내 호박꽃 속에서 제 발에 맞는 신발을 찾아냈나 보다
앙증맞은 노란 꽃신 신고 아장아장 신나게 집으로 뛰어간다

엄마와 아이

비가 온다

후
두
두
두
둑

“정말, 안 그칠 거야?”

뚝.

비개인 오후
잔뜩 구겨진 하늘

떨어질 듯
말 듯
풀잎 끝에 맺힌 눈물방울

빗소리

톡
톡

아기 비 걸어오는 소리

툭
투
둑

아기 비 찾아
엄마 비 뛰어오는 소리

솨
아
솨
아

아기 비 찾아
온 가족이 헤매는 소리

비 갠 아침

새신랑 골리듯
바다는 철썩철썩
지구의 발바닥을
인정사정없이 내리칩니다

아프다 우르르 꽝
나 죽는다 꽝 꽈르르
두 눈에는 불꽃이 번쩍번쩍

밤새도록 요란스레 비가 오더니
해 쨍쨍 뜬 아침
새색시 해당화는 수줍은 듯
붉은 꽃망울 살포시 터트렸습니다

봄비 내리는 날

무슨 잘못을 저질렀기에
아침부터 매를 든 것일까 하늘은

산과 들마다 파릇파릇 돋아난
회초리 자국

봄바람이
호호
어루만진다

봄
— 홍천 강가에서

우수 지난 아침
어린 물고기들
강물 두드려대는 소리 요란하다
돌돌돌
얼음장 밑으로 들려오는
푸른 대문 여는 소리

버들강아지 먼저 알아듣고
살랑살랑 꼬리 흔들며
봄 마중 나왔다

모내기

새로 지은 아파트에 이사를 오고 나니
위층 아래층에서
뚝딱뚝딱
못 박는 소리
벽에 박힌 못에는
사진도 걸리고
옷도 시계도 걸리겠지
지금쯤이면
시골 외할아버지 논에도
탈탈탈 타달
논바닥에 모종 박는 이앙기 소리 한창이겠다
가을이 오면
다닥다닥 벼 이삭이 걸리겠지
신명난 사물놀이 가락도
재잘재잘 참새들의 수다도
외할머니의 새색시 웃음도 걸려 있겠다

쑥떡

논둑에서 쑥
밭둑에서 쑥
둑길에서도 쑥
이곳저곳
쑥 쑥 쑥
자라나는 쑥

그 쑥을 뜯어다
떡 해 먹었더니만
저 혼자만 먹었다고

옆집에서 쑥떡
뒷집에서 쑥떡
앞집에서도 쑥떡
이 사람 저 사람
쑥떡 쑥떡 쑥떡

나팔꽃의 탄생

할머니, 울 아버지 낳으실 적에
천장에 매달아 놓은 산줄 꽉 움켜쥐었듯이
담장에 매어 놓은 새끼줄
이 앙 물고 휘감은 여린 손모가지
밤새도록 소쩍새 울어대더니
온몸에 돋아 오른 연분홍 핏줄
욕봤다고 울 할아버지 그러했듯이
잎사귀마다 송글송글 맺힌 땀방울
아침바람이 살랑살랑 닦아주고 있어요

꽃 신호등

학교 앞
쌩쌩 달음박질하는 자동차
이곳저곳 바닥에 나동그라져 있는 잠자리
도로를 오갈 때
항상 차 조심하세요
위험한 곳에서는 절대 장난치며 놀지 마세요
한눈팔지 말라고
도로변 코스모스
유난히도 많은 붉은색 꽃
붉은 신호등 잔뜩 피워 물었습니다

겨울바람은

하얀 옷 곱게 차려입고
선녀처럼 훨훨 춤추며 나리다
그만,
지붕 위로 털썩 주저앉은 눈꽃송이들
방 안으로 들어가고 싶어
처마 끝으로부터 맑고 투명한 밧줄
드리우기 시작했는데
투둑 줄을 끊고
밤나무 뒤로 숨은 겨울바람은
어쩜, 하는 짓거리가
고무줄 자르고 도망치는
내 짝꿍 철수와 저리도 닮았을까

동생이 그린 그림

아장아장 걸음마 하던 내 동생
그만,
거실바닥에 놓아둔 우유병
쓰러뜨렸지 뭐야

엎질러져 달아나는 우유를 보고
혜리는 코끼리 같다고 하고
영은이는 악어라고도 하고
나는 기린 같은데
영철이는 사슴이라고 하고
곰, 코뿔소, 공룡, 말, 돼지, 토끼…
어느새 우리 집은 동물농장이 되어버린 거 있지

뒤늦게 마른걸레 들고 뛰어오신 목동 엄마
쓱, 쓱
동생이 풀어 놓은 동물들
한 마리도 남김없이
걸레통 속으로 모조리 몰아넣으셨어

호박꽃 누나

친구들이
호박꽃이라 놀렸던
내 누나

애호박 닮은
통실한 아일 안고
친정에 왔을 때
친구놈들
무척 부러워했지

제 누나는
날씬한 오이꽃이라더니
여태껏 시집도 안 가고
뭘 했나 몰라

툭툭 터진
철 지난 오이같이
종아리에 튼 살 좀 보라지

시기를 놓친
채소며 과일
누가 거들떠나 보겠어?

못

할아버지는 목수였다
온종일 뚝딱뚝딱 쓱쓱
찬장도 만들고 문틀도 짜고
자투리 나무토막으로는 권총도 만들어 주었다
간혹 잘못 박혀 구부러진 못은
함부로 버리지 않고 한곳에 따로 모아 두었다가
일감이 떨어진 날이면 꾸부정하게 쪼그리고 앉아
못의 등을 곧게 펴서 연장통에 다시 넣어 두었다

어느 날,
할아버지가 평생 손에 쥐고 놓지 않았던
망치를 떨어뜨렸다
할아버지가 그러했듯이 하나님도
할아버지의 꼬부라진 등을 젊게 펴서
하늘나라에 두고 귀히 쓰시려나 보다

길가에 버려져 녹슬어 가는 굽은 못을 보면
할아버지를 만난 듯 정답게
등을 두들겨 주고 싶어진다

숙제

학교에서 돌아오기 무섭게
컴퓨터게임 하느라
깜박 잊어버린 숙제
다 못하고 잠이 들었다

아침에 학교는 가야 하는데
뿔난 선생님 얼굴만 떠오르고

배가 아팠다고 할까
동생 돌보느라 시간이 없었다고 할까
숙제한 공책을 잃어버렸다고 할까
아님,
아예 학교에 가지 말까

어떻게 말씀드려야 할지
이것이 더 큰 숙제다

나는 파리다

성적표 받아들고 오는 날이면
나는 똥이다
똥에 앉은 파리 새끼다
그렇지 않고서야 엄마가
파리채로 나를 후려칠 이유가 없다

효자손

수학여행 가서 형아가 사들고 온
대나무 막대 손 하나
숙제 안 하고 말썽 부릴 때
엄마 손을 대신해
내 엉덩이 무섭게 내리친다
엄마 손보다도 더 맵고 아픈 손
이건 효자손이 아니라 원수 같은 손이다

평생 늙지도 않는

항아리와 새끼 제비

먹어도 뚱뚱
안 먹어도 뚱뚱
어머니는 된장 항아리입니다

맛난 거 있으면
어미는 좀 전에 많이 먹어 배부르다
자식들 먼저 채워 주시는
어머니는 늘 배부른 고추장 항아리입니다

배고프다 입 쩍쩍 벌리고 울어대던
우리는
처마 밑 단칸방 새끼 제비였습니다

참새를 사랑한 허수아비

누더기 옷에 해진 밀짚모자 푹 눌러쓴 허수아비
두 팔 벌려 참새들을 불러 모읍니다

"배 무지 고프지?
어여 와 어여
알곡이 잘 여물었어
사람들이 오는지 내가 망보고 있을 터이니
체하지 말고 천천히 많이 먹어두어"

곧 첫서리가 내릴 텐데
머잖아 동장군이 들이닥칠 텐데
허수아비는 늘 참새들 걱정뿐입니다

"저 어린것들 어떡하나"

이른 새벽,
풀잎 끝마다 맺혀 있는 이슬방울이
참새들 걱정에
밤새도록 소리 없이 흐느껴 울은
허수아비의 눈물인 것을
철부지 노란 참새는 모릅니다
아무도 모릅니다

등나무

엄마, 너무 힘들어요
더는 올라갈 수 없겠어요

애야, 손을 놓치면 안돼
5월, 따가운 뙤약볕에
검게 그을린 웃음소리
들리지 않니?

좀 더 높이 기어오르렴
너의 그림자가
넉넉히 아이들을 감싸 안을 때까지

머리를 쓰다듬으며 바람이 지나갈 때마다
구름사다리 타고 올라가던 등나무
후두둑 연보랏빛 땀방울 흩날립니다

오디

대추나무에는 대추가 밤나무에는 알밤이 감나무에는 가지 찢어지게 가을이면 붉은 감이 주렁주렁 열리는데 가래는 가래나무에 앵두는 앵두나무에 살구는 살구나무 자두는 자두나무 포도는 또 포도나무에 복숭아 석류 무화과 은행 산수유 오미자 모두 다 아버지 이름 밑에 나란히 똑같은 자기 이름 포개지는데

나는, 다리 밑에서 주워온 자식이 틀림없어
남들처럼 왜? 아빠와 같지 않은 것일까

멀찍이서 쥐똥나무가 다 알고 있다는 듯
까맣게 웃고 있습니다

까치밥

감나무는 바람과 가위바위보 합니다
매번 이기기만 하는 바람은 그때마다 알감 하나씩
똑 떼어 갑니다
손가락 마디 하나 없는 감나무는
허공에 보자기만 열심히 펼쳐놓을 뿐
한번도 감싸질 못합니다
바람은 연실 가위 손을 내밀어
싹둑싹둑 열매를 따갑니다
이제 달려 있는 것이라고는 달랑 불알 한쪽
보다 못한 까치가 대신 주먹을 내줍니다
감나무는 너무도 고마워 남은 감 하나를
까치에게 주었습니다

빨랫줄

앙숙처럼
늘 마주 보고 서 있던
대추나무와 늙은 감나무
오늘은 어기여차 줄다리기를 하고 있다
한 발 양보 없는 팽팽한 힘겨루기
담장 밑에 옹기종기 모여 앉은 항아리
숨죽여 구경한다
고추잠자리 한 마리
흔들리는 줄 가운데 척 걸터앉아
까닥까닥 심판을 본다

가로등

무슨 잘못을 저질렀기에
하루 종일 고개를 떨구고
어두운 골목길을 환하게
닦고 있는 것일까

담장에 낙서하다
붙잡힌 아이들처럼

별

놀이터 가득
아이들이 흘리고 간 발자국

바람이 하나 둘 주워
밤하늘에 걸어 놓았다

까르르
아이들 웃음소리 하늘 가득히

반짝, 반짝이는
별빛

흔들바위

까딱
까딱
까딱
까딱
까딱 바위야

끄덕
끄덕
끄덕
끄덕
인사 한번 잘한다

파도
— 경포대에서

바
다
야
하고 부르면

하얀 이를 드러내고
웃고 있는 바다

굴바위 섬

어머니의 아버지의 할아버지
아주 먼 옛적부터 바위섬
가부좌 틀고 오래오래 앉아 있습니다
세상이 궁금한 날에는
갈매기 떼 부산히 날아올랐고
갈매기들이 물어다 주는 소식들
작은 것 하나 놓치지 않고 들으려고
부처님 귀 동자승 귀 온몸에
닥지닥지 붙여 놓았습니다
혹여 썰물에 쓸려가지 않을까
꼭꼭 동여매 놓은 것을 사람들
봄 여름 가을 겨울
철없이
철도 없이
밀물처럼 차올라
호미로 콕콕콕
다 떼어 갔습니다 부처님
귀머거리가 되었습니다

거북이

거북이는 행동이 엄청 느리다 그래서
죽는 것도 사람보다 무려 900년이나 늦다
우리 부모님도 거북이처럼 느렸으면 좋겠는데
어머니는 아버지만 보면 굼떠 죽겠다고 한다
아마도 아버지가 오래 사시는 것이 싫은가 보다
나는, 세월도 거북이처럼 그렇게
천천히 기어갔으면 좋겠는데 말이다

일요일 오후

안방 비디오는 엄마한테 빼앗겼고

서재 컴퓨터는 동생 차지

거실 텔레비전은 또 내가 빼앗았으니

더는 빼앗길 것이 없는 우리 아빠

소파에 누워 종일 주무신다

우리 아빠 손은

드르륵 드르륵
순순히 켜지지 않는 내 컴퓨터도
손바닥으로 내리치면 작동이 된다

치직치직 나오지 않는 텔레비전도
주먹으로 한 대 때리면 깨끗이 잘 나온다

앙앙 울음을 달고 사는 잼보 내 동생도
두 눈 부릅뜨고 손 한번 번쩍 치켜올리면
울음 뚝 그친다

우리 아빠 손은 못 고칠 것 없는 만능 손이다
엄마의 잔소리만 빼고

자랑스러운 우리 아빠

가방을 둘러매고 현관문을 나서는데
— 열심히 공부해야 한다
등짝에 굳은살로 와 박히는 아빠의 말씀
— 공부 잘해야 이다음에 예쁜 여자와 결혼도 할 수 있는 것이란다
알겠지? 사랑하는 내 아들아

우리 아빠는 분명히 천재다
그래서 시험만 보면 올 백 점에 전교 일등만 했을 것이다
세상에서 제일 예쁜 우리 엄마와 결혼한 우리 아빠가
나는 매우 자랑스럽다

아빠의 알밤

울 아빠 턱은
까슬까슬 앗 따가워
밤송이같이 벙긋 벌어진
아빠의 입 속에는
토실토실 알밤이 꽉 들어차 있다

밤마다
구수한 옛날이야기 한 톨씩
꺼내 구워주신다

아빠가 추운 이유

현관문을 열기 무섭게
"춥다. 어 춥다" 하시며
와락,
나를 껴안는 아빠

하루 종일 내가 보고 싶어 아빤
얼마나 추웠을까

간장독 뱃살에
칼금이 가는 한겨울에도
아빠라는 이름에는 방학이 없다

"아빠, 오늘도 무척 추웠죠?"
오늘은 내가 먼저 꼭 껴안아 줄래요

아버지의 방귀 냄새

앞집 다운이 녀석은 100점을 맞았다네
옆집 진복이 녀석도 100점을 맞았다네
뒷집 유현이 고 지지배 90점 맞았다고 울었다네
나는 40점

늦은 저녁
일 마치고 돌아오신 울 아버지
받아쓰기 시험지 받아들고
긴 한숨 내쉬듯
뿡 ~
방귀를 뀌신다
얼마나 속이 상했으면
이리도 냄새가 지독한 것일까

오늘따라 아버지 모습이
더욱 힘들어 보인다

문

곰이 물구나무 하고 서 있다

팽이

맞아야만 살 수 있다

때려야만 살릴 수 있다

그러니 돌 수밖에

우소(牛笑)

소가 웃소 우소?
— 우소

왜 우소?
— 새끼가 팔려갔소

저라도 울겠소
— 그럼, 우소

· 牛 : 소 우
· 笑 : 웃음 소

불(火)조심

화내지 마세요

화나면 무서워요

· 火 : 불 화

제비
– 유리창 닦는 아이들

이끼 낀 어항
닥지닥지 달라붙은 다슬기같이
하늘에 착 달라붙은 하얀 손걸레
흐린 하늘 맑게 먹어 치운다

고사리 손에 들린 하얀 손걸레 같은
마을 구석구석 깨끗이 닦아주던 제비들
언제부터인가 하나 둘 마을을 떠나간다

아이들이 떠난 폐교된 농촌
제비가 떠난 도심의 하늘

뿌옇게 먼지만 쌓여간다

꿈의 학교

모내기가 끝난 논마다
수영대회 열렸다

내 발걸음에 맞춰
하나 둘
첨벙첨벙

물 위에 그어 놓은
초록 선을 따라
힘차게 헤엄쳐 나간다

모두가 똑같은
알록달록 비단수영복

누가
일등인지
이등인지
알 순 없지만

꼴찌가 없어 더욱 신나는
개구리들의 단판 승부

문배마을* 가는 길

사람들과 오래도록 함께 있고 싶어
아끼던 오솔길을 내어 놓았다
한 굽이돌아 나오면
맑은 새소리 들려주고
두 굽이 걷다 보면
개불알꽃 초롱꽃 닭의장풀 용머리
꼭꼭 감추어 두었던 꽃들도 내보여 준다
또 한 굽이 오르다 보면 시원한 바람도 불어 준다
보여 주고 싶은 것이 너무도 많아
동강 물굽이처럼 휘휘 길을 몸에 감은 것인데
그런 마음도 몰라주고 사람들은
한숨에 올라가고 싶어
입구에서 산마루까지
전봇대 같은 도로 하나
꽂아 놓았다

---

* 문배마을 : 춘천시 강촌 유원지 인근 해발 200m 산 능선에 자리 잡은 자연부락으로 초입새에 구곡폭포가 있다.

때론 나도 참아야겠지

밤새도록 내려앉은 이슬방울이 무겁다고
풀잎들이 고개를 떨구었다면
은구슬로 수놓은 들판길을 만날 수 없었을 거야

어깨 위로 허락도 없이 내려앉은 이슬방울이 괘씸하다고
벼 이삭들이 툭툭 털어 버렸다면
햇살에 반짝이며 웃음 보내는 고운 눈동자와
눈인사 나눌 수 없었을 거야

잎사귀 끝에 대롱대롱 매달린 이슬방울이 귀찮다고
옥수수가 우수수 몸을 흔들었다면
물방울 속에 담겨 있는 아름다운 세상을 볼 수 없었을 거야

돌탑을 쌓으며

사람을 대할 땐
돌탑을 쌓듯이 해야 해
수석이 아니라고
여기저기 아무 곳에서나
채이고 굴러다니는 잡석이라고
함부로 대했다가는
그동안 쌓아올린 너의 모습이 와르르
한순간에 무너져 내리고 말지
구곡폭포 올라가는 길
산비탈 계곡 따라 올망졸망 쌓아 올린
저 돌탑 좀 봐
큰 돌 작은 돌
하나같이 깨지고 모난 돌들
거제도 푸른 물결 속의 몽돌처럼
잘생기진 않았지만 몽글몽글
한 몸 되어 서 있는 저 무수한 탑
불국사의 다보탑을 보는 것 같지 않니?
돌탑을 쌓다 보면 알게 될 거야
처음 놓는 돌이나
꼭대기에 얹는 돌이나
한결같은 마음으로 쌓아 올려야만

탑이 될 수 있다는 것을
어느 것 하나 소홀히 대할 수 없다는 것을